LA GUERRA DE ESPAÑA

SIMONE WEIL

LA GUERRA DE ESPAÑA

TEXTOS ESCOGIDOS

Prólogo de
Alexandre Massipe

Traducción de
Luis González Castro

PÁGINA INDÓMITA

Títulos originales:
«Journal d'Espagne», «Faut-il graisser les godillots ?»,
«Réflexions pour déplaire», «Que se passe-t-il en Espagne ?»,
«La politique de neutralité et l'assistance mutuelle»,
«Non-intervention généralisée»,
«Ne recommençons pas la guerre de Troie» (fragmento),
«Lettre à Georges Bernanos»

© del prólogo, Alexandre Massipe,
publicado mediante acuerdo con
Presses universitaires de Rennes (PUR)
y Les Amis des Combattants en Espagne républicaine (ACER)
© de la traducción, Luis González Castro
© de la presente edición, PÁGINA INDÓMITA, S.L.U.
Providencia 114 bis, 4º 4ª. 08024 Barcelona
www.paginaindomita.com

Diseño de cubierta y composición: Ángel Uzkiano
Impresión y encuadernación: Romanyà Valls
Primera edición: enero de 2024
Primera reimpresión: marzo de 2024

ISBN: 978-84-126489-7-3
Depósito legal: C-1813-2023

ÍNDICE

NOTA A LA PRESENTE EDICIÓN

Reunimos en este volumen los diversos escritos de Simone Weil sobre la guerra civil española, en la que la autora participó brevemente tras cruzar la frontera en agosto de 1936 y unirse a la Columna Durruti en el Frente de Aragón.

Algunos de los textos vieron la luz en vida de la escritora, en *Vigilance* y *Nouveaux Cahiers*, mientras que otros fueron publicados de manera póstuma, en el *Bulletin de la Société des amis de Georges Bernanos* —tal es el caso de la carta de la autora a este escritor— y en la antología *Écrits historiques et politiques* —Gallimard, París, 1960.

El prólogo de nuestra edición, «L'engagement de Simone Weil dans la guerre d'Espagne», de Alexandre Massipe, vio la luz originalmente como capítulo de la obra colectiva *¡Solidarias! Les volontaires étrangères et la solidarité internationale féminine durant la guerre* *d'Espagne (1936-1939)* —ed. Édouard Sill, Presses universitaires de Rennes, Rennes, 2022, pp. 193-202—, obra que fue fruto de la iniciativa de Les Amis des Combattants en Espagne républicaine (ACER) y otros colaboradores académicos e institucionales.

Todos los textos de Simone Weil aquí incluidos han sido traducidos nuevamente para la ocasión. Las notas al pie son del traductor.

PRÓLOGO

EL COMPROMISO DE SIMONE WEIL
EN LA GUERRA DE ESPAÑA

En la primavera de 1936, Simone Weil comienza a trabajar en una explotación agrícola situada en Gron, en
el departamento de Cher. Cada tarea que se le confía
es para ella una oportunidad de plantear mil y una
preguntas sobre el funcionamiento de las máquinas,
el peso de los animales, el rendimiento esperado, etc.
Las continuas preguntas de la filósofa, sumadas a su
escaso apetito, hacen que las relaciones con los propietarios, los Belleville, sean cada vez más conflicti-
vas. Después de algunas semanas de trabajo agrícola,
nuestra autora, entonces espectadora de una guerra
de España que apenas acaba de comenzar, decide
abandonar la granja de Gron y regresar definitivamente a Bourges para completar el año académico. Sigue con una mezcla de atención e inquietud los acontecimientos que sacuden España y, en contra de la
línea oficial del Partido Comunista Francés y de nu-

merosos militantes de extrema izquierda, apoya la decisión de Léon Blum de no intervenir en el conflicto.[1] A este respecto, afirmará lo siguiente unos meses más tarde, tras haber estado en España:

> Incluso cuando estuve en Aragón, en Cataluña, en medio de una atmósfera de combate, entre militantes que no tenían palabras suficientemente duras para describir la política de Blum, incluso entonces aprobé esta política.[2]

Al igual que Blum, Simone Weil teme que una intervención militar de Francia en suelo español desemboque en una conflagración global. Pero, a pesar de este apoyo demostrado, la filósofa denuncia la am-

1. [Léon Blum (1872-1950), político socialista que por esas fechas era presidente del Consejo de Ministros de la República Francesa. *(N. del T.)]*
   Los comunistas hacen campaña en favor de la intervención, con el eslogan «¡Cañones y aviones para España!» y, en diciembre de 1936, se abstienen de dar su voto de confianza al gobierno en lo que atañe a su política exterior. La ya frágil coalición del Frente Popular francés se debilita más aún debido a la cuestión española.

2. S. Weil, «Non-intervention généralisée». Véase, más adelante, p. 73.

bigüedad contenida en las palabras del jefe de gobierno:

> Léon Blum no pierde ocasión, en medio de sus frases más conmovedoras, de afirmar en esencia lo siguiente: queremos la paz, la mantendremos a toda costa, a menos que una agresión contra nuestro territorio o contra los territorios con los que nos hemos comprometido nos obligue a librar la guerra.
>
> En otras palabras, no haremos la guerra para impedir que los obreros y campesinos españoles sean exterminados por una banda de salvajes más o menos condecorados. Pero, si fuera necesario, iríamos a la guerra por Alsacia y Lorena, por Marruecos, por Rusia, por Checoslovaquia, y si algún Tardieu[3] hubiera firmado una alianza con Honolulú, iríamos a la guerra por Honolulú.[4]

Pese a su decidida defensa de la política de no intervención de Léon Blum, nuestra autora no puede soportar quedarse en París con los brazos cruzados

3. André Tardieu (1876-1945), republicano moderado que fue presidente del Consejo de Ministros en tres ocasiones, entre 1929 y 1932. *(N. del T.)*

4. *Ibid.* Véase, más adelante, pp. 74-75.

cuando ha comenzado una guerra al otro lado de la frontera. Esto es lo que le confiará a Georges Bernanos más tarde, en 1938:

> En julio de 1936 me encontraba en París. No me gusta la guerra, pero lo que siempre me ha horrorizado más de ella es la situación de quienes se hallan en la retaguardia.[5]

Simone Weil quiere asumir su parte de responsabilidad en la desgracia que han sufrido los republicanos españoles, y ¿cómo podría compartir su dolor si no es luchando junto a ellos en el frente? La biografía que Simone Pétrement[6] dedicó a nuestra autora arroja luz sobre las condiciones de su partida a España; al

5. *Id.*, «Lettre à Georges Bernanos». Véase, más adelante, p. 87.

6. Alumna de Simone Weil en el Lycée Henri IV, Simone Pétrement (1907-1992) permaneció en contacto con su profesora hasta 1942. Tras licenciarse en Filosofía, ocupó el cargo de conservadora en la Biblioteca Nacional y, en 1973, publicó en dos volúmenes la mencionada biografía, *La vie de Simone Weil*, obra reunida más tarde en un solo volumen y que sigue considerándose hoy un texto de referencia. Además, durante las décadas de 1970 y 1980, Pétrement estuvo muy involucrada en la publicación de las obras inéditas de nuestra autora.

regresar una tarde de una reunión, les dice a sus padres: «Me voy a España». Y ante la desesperación de estos, añade: «Podéis quedaros tranquilos, voy como periodista». De hecho, le han dado un carné de periodista, aunque ella está decidida a no dedicarse únicamente a esa labor.[7] No obstante, los Weil no se dejan engañar: conocedores de las verdaderas intenciones de su hija, deciden partir también hacia España y seguirla a distancia. El 8 de agosto de 1936, nuestra autora cruza la frontera por Portbou, una pequeña localidad española situada en la costa entre Gerona y Perpiñán, y llega a Barcelona dos días después. Sorprendida por la calma que reina en la ciudad, anota en lo que llama su *Diario de España:*[8]

Primeras impresiones de la guerra:

Cuesta creer que Barcelona sea la capital de una región en plena guerra civil […]. Los cafés están abiertos, aunque menos concurridos de lo habitual,

7. S. Pétrement, *La vie de Simone Weil*, Fayard, París, 1997, p. 386.

8. Este sigue el modelo de su *Diario de la fábrica*, escrito un año antes. Cada día, Weil registra lo que ha visto y escuchado, aquello que le parece legítimo y aquello que parece ir en contra del ideal revolucionario.

al igual que las tiendas. El dinero sigue desempeñando el mismo papel. Si no hubiera tan pocos policías y tantos muchachos armados con fusiles, no se notaría nada en absoluto.[9]

La calma ensordecedora de las calles de Barcelona lleva a la filósofa a trazar un paralelismo con los periodos revolucionarios pasados:

> Se necesita cierto tiempo para darse cuenta de que se trata efectivamente de la Revolución, y de que se está viviendo aquí uno de esos periodos históricos sobre los que leemos en los libros y que nos han hecho soñar desde la infancia: 1792, 1871, 1917. Esperemos que tenga efectos más felices.[10]

Nada más instalarse en la capital catalana, Simone Weil quiere reunirse con Julián Gorkin, uno de los dirigentes del Partido Obrero de Unificación Marxista (POUM). Según parece, Joaquín Maurín, uno de los verdaderos fundadores de dicho partido, está desapa-

9. Véase, más adelante, p. 40. Si el lector tiene en cuenta el contexto de la redacción de este diario, no se sorprenderá al encontrar en él un estilo telegráfico.

10. *Ibid.*

recido. Algunos dicen que ha sido encarcelado, o incluso fusilado, pero en realidad nadie sabe nada. A fuerza de insistir, Weil acaba poniéndose en contacto con Gorkin, y se ofrece a colaborar:

> Me ofrezco a entrar en la zona franquista para saber si Maurín está vivo o muerto, y, en el caso de que esté vivo, si hay alguna manera de salvarlo.[11]

Sorprendido por tanto arrojo, Gorkin rechaza de inmediato la propuesta:

> Simone, no sabes lo que dices. Tu entrega es extraordinaria, pero no hablas español y tu tipo físico no es el de las mujeres de este país. Serías descubierta enseguida. Si te sacrificas, no solo te perderemos a ti, sino que quizá pondrás en peligro a Maurín. Nunca asumiré la responsabilidad de darte esa misión. Habría un 90% de probabilidades de que te sacrificases inútilmente.[12]

Decepcionada pero no desanimada, la filósofa busca entonces unirse a las milicias de la Confedera-

11. S. Pétrement, *La vie de Simone Weil, op. cit.*, p. 388.
12. *Ibid.*

ción Nacional del Trabajo (CNT). Atraviesa Lérida y se dirige a Pina de Ebro, en Aragón, donde se encuentra la Columna Durruti. Según nos cuenta Simone Pétrement, en las columnas catalanas que se hallan en Aragón se ha formado un pequeño grupo internacional.

Tal grupo solo cuenta entonces con 22 hombres —otros se unirán más tarde—, pero entre ellos hay dos franceses a los que Simone Weil ya conoce: Louis Mercier, a quien llaman Ridel, y Carpentier, dos militantes anarquistas parisinos que son miembros de la Unión Anarquista. Nuestra autora pregunta si puede quedarse en este grupo, y es aceptada. Será Carpentier, antiguo cabo del ejército colonial francés, quien le enseñe a utilizar el fusil.[13] En Pina, Weil conoce a campesinos con los que entabla conversación y, como a los Belleville, les hace preguntas sobre su situación pasada y presente:

> ¿Cómo vivían? —Trabajando día y noche y comiendo muy mal. La mayoría no sabe leer. Los niños trabajan; una muchacha de catorce años lleva dos trabajando, hace la colada (se ríen mucho mientras cuen-

13. *Ibid.*, pp. 388-389.

tan todo esto). Ganan 20 pesetas al mes (una chica de veinte años), 17, 16... Van descalzos.[14]

Pocos días después de integrarse en el grupo, el 17 de agosto, la aviación franquista lleva a cabo un bombardeo. La filósofa toma su fusil y sale con los demás. Esa misma tarde escribe en su diario:

> Louis Berthomieu (delegado): «Vamos a cruzar el río». Se trata de ir a quemar tres cadáveres del enemigo. Cruzamos en barca (un cuarto de hora de discusiones). Buscamos. Hay un cadáver vestido de azul, devorado, horrible. Lo quemamos.[15]

Consciente del peligro que afronta, el grupo decide volar la vía férrea mediante la que se abastece el campamento enemigo. La expedición está prevista para el día siguiente a las dos y media de la madrugada:

> Mi macuto está preparado. Emoción. Las gafas. Repartimos la carga (yo llevo un mapa y un barreño).

14. S. Weil, «Journal d'Espagne». Véase, más adelante, p. 41.
15. *Ibid.*, pp. 45-46.

Órdenes. Caminamos sin hablar, aunque estoy un poco inquieta.[16]

Dada la dureza de la expedición, algunos aconsejan a Simone que no siga adelante, pero esta se impone tras reaccionar tempestuosamente. Su victoria, sin embargo, no dura mucho, pues apenas han cruzado el Ebro recibe una orden brusca:

Berthomieu, furioso (es peligroso volver a la casa), reúne a la expedición. Me dice: «¡Tú a la cocina!». No me atrevo a protestar. Además, esta expedición solo me conviene a medias...[17]

La atmósfera está muy tensa cuando los aviones vuelven a sobrevolarlos:

Reconocimiento aéreo. Nos escondemos. Louis alza la voz para ordenarnos que no cometamos una imprudencia. Me tumbo boca arriba, miro las hojas, el cielo azul. Qué día tan hermoso. Si me atrapan, me matarán... pero lo tengo merecido. Los nuestros han

16. *Ibid.*, p. 48.
17. *Ibid.*, p. 49.

derramado ya mucha sangre. Soy moralmente cómplice.[18]

Cada vez más incómoda dentro del grupo, la filósofa ignora en ese preciso momento que su compromiso en suelo español está muy próximo a su fin. De hecho, a la mañana siguiente su miopía juega un papel fatal. Según nos cuenta Simone Pétrement:

> [Un cocinero alemán y ella] habían encendido el fuego para la cocina en un hoyo excavado en la tierra, para evitar así que la luz señalase su posición. Sobre el fuego de brasas habían colocado una sartén o un barreño enorme. Simone no lo vio al pasar y metió el pie izquierdo en el aceite hirviendo. Dicho pie estaba protegido por el zapato, pero toda la parte inferior de la pierna y el empeine sufrieron graves quemaduras. Cuando Carpentier le quitó el calcetín, la piel quedó pegada a la tela.[19]

Tras este accidente, la llevan de urgencias a un hospital improvisado, donde los remedios proporcio-

18. *Ibid.*, pp. 49-50.
19. S. Pétrement, *La vie de Simone Weil, op. cit.*, p. 391.

nados resultan ser peores que la enfermedad, ya que el supuesto médico es en realidad... un peluquero. Al darse cuenta de que esta estancia en el «hospital» amenaza con agravar su sufrimiento, Simone Weil recoge sus pocas pertenencias y se marcha. No sin dificultades, logra regresar a Barcelona, donde su estado de salud empeora día tras día: le castañean los dientes, la herida supura y la fiebre no deja de aumentar. No sabiendo ya qué hacer, decide buscar a sus padres. El señor Weil, que también es médico, se preocupa de inmediato ante la gravedad de la lesión y decide llevar a su hija al hospital militar de Sitges. Pero la mala calidad de la atención que recibe Simone lo obliga a sacarla de allí enseguida, de modo que la acompaña a la pensión donde se aloja con su esposa, para poder proporcionarle él mismo algunos cuidados básicos. Dos semanas después, el 5 de septiembre, nuestra autora, todavía postrada en la cama,[20] se entera del fracaso de los republicanos en su expedición a Mallorca. Solo vuelve a caminar con gran dificultad cuando, a mediados de septiembre, sus dos compañeros de combate, Ridel y Carpentier, la visitan y le dan noticias

20. En esos momentos, se piensa en que es posible que haya que realizar una amputación.

del frente. A pesar de su deplorable estado de salud, Weil no oculta su deseo de volver a la lucha, pero al mismo tiempo expresa a sus allegados su pesimismo sobre las posibilidades de éxito de los republicanos. Gracias a la persuasión de sus padres, y sintiéndose muy mermada físicamente, abandona pronto la idea de volver a luchar, y el 25 de septiembre decide cruzar de nuevo la frontera para llegar a París. Solo unas semanas después descubre que su accidente le ha salvado la vida, ya que el grupo en el que luchaba acaba de ser diezmado en Perdiguera. Por lo tanto, en lo que atañe a las primeras lecciones de esta experiencia bélica, debemos señalar que la implicación de Weil en suelo español fue breve y que, además, ella no llegó a usar su fusil. ¿Habría sido capaz de hacerlo? A Simone Pétrement le dijo que no en tono de humor: «Por suerte, soy tan miope que difícilmente mataré a alguien, incluso aunque le dispare».[21] Sea como fuere, debía de estar dispuesta a disparar contra un enemigo si era necesario, puesto que había expresado claramente el deseo de que su fusil estuviera cargado.

En París, mientras se recupera como mejor puede de su lesión, nuestra autora participa en los distintos

21. *Ibid.*, p. 396.

encuentros organizados por Solidaridad Internacional Antifascista (SIA) y toma la palabra en un acto en favor de la España republicana celebrado en un cine del distrito 15, en la avenida Émile Zola. Esta actitud partidista no obstaculiza en modo alguno su deseo de ofrecer testimonio de las atrocidades cometidas por los republicanos españoles, los mismos que dicen luchar por la libertad. Además, escribe varios artículos en los que se esfuerza por demostrar que la injusticia y la barbarie, en tiempos de guerra, son comunes a ambos bandos. Su texto más incisivo al respecto es sin duda el titulado «Reflexiones que disgustarán», que escribe a finales de 1936.[22] Estas «reflexiones» se abren con una aclaración en forma de advertencia a quienes intentarán acusarla de ceder a la desesperanza:

> Sé que voy a disgustar y escandalizar a muchos buenos camaradas. Pero cuando se reivindica la libertad, se debe tener el coraje de decir lo que se piensa, incluso si ello causa desagrado.[23]

22. Se desconoce la fecha exacta de redacción del texto, del que existen además dos versiones.
23. S. Weil, «Réflexions pour déplaire». Véase, más adelante, pp. 61-64.

Escaldada por una Revolución rusa que ha conducido al establecimiento de un Estado burocrático y totalitario, la filósofa demuestra que la guerra daña inexorablemente el ideal por el que se lucha:

Pero no podemos dudar de la buena fe de nuestros camaradas libertarios en Cataluña. Y ¿qué vemos allí? Por desgracia, también allí vemos aparecer formas de coacción, casos de inhumanidad directamente contrarios al ideal libertario y humanitario de los anarquistas. Las necesidades y la atmósfera de guerra civil prevalecen sobre las aspiraciones que se pretenden defender mediante la guerra civil.[24]

Además, para aclarar la veracidad de sus afirmaciones, enumera los distintos abusos de poder denunciados hasta la fecha por los republicanos:

Aquí odiamos la coacción militar, la coacción policial, la coacción en el trabajo, las mentiras difundidas por la prensa, por la radio, por todos los medios de difusión. Odiamos la diferenciación social, la arbitrariedad, la crueldad.

24. *Ibid.*, pp. 62-63.

Pues bien, allí hay coacción militar. A pesar de la afluencia de voluntarios, se ha decretado la movilización.[25]

Nuestra autora señala asimismo que la suerte de los trabajadores es mucho más miserable ahora que el poder está en manos amigas:

> Hay coacción en el trabajo. El Consejo de la Generalidad, en el que nuestros camaradas se encargan de los departamentos de economía, acaba de decretar la obligación de que los trabajadores realicen tantas horas extra no remuneradas como se consideren necesarias.[26]

Finalmente, destaca el aumento y la banalización de la brutalidad policial como la máxima violación del ideal revolucionario español:

> En cuanto a la coacción policial, [...] durante los tres primeros meses de la guerra civil, los comités de investigación, los militantes responsables y, con demasiada frecuencia, los individuos irresponsables han

25. *Ibid.*, p. 63.
26. *Ibid.*

llevado a cabo fusilamientos sin el menor simulacro de juicio y, en consecuencia, sin que haya habido posibilidad alguna de ejercer un control sindical o de otro tipo. Hace tan solo unos días que se han instituido tribunales populares para juzgar a los facciosos o a quienes se presume que lo son.[27]

Armada con esta oscura observación, cierra su escrito con una afirmación que no podría ser más polémica: «La mentira organizada existe, también, desde el 19 de julio».[28] Al denunciar las exacciones y abusos cometidos por los revolucionarios españoles, deseosos de preservar a cualquier precio su cuota de poder, la filósofa se granjea numerosas enemistades en las filas sindicalistas y más aún en las del Partido Comunista Francés. Nuestra autora, poco propensa al pensamiento consensual, ya en 1933 había anticipado en gran medida los excesos inherentes a una revolución mal preparada:

Y, bajo todos los nombres con los que pueda adornarse, fascismo, democracia o dictadura del proletariado, el enemigo capital sigue siendo el aparato administrativo,

27. *Ibid.*, p. 64.
28. *Ibid.*

policial y militar [...]. En cualquier circunstancia, la peor traición posible consiste siempre en aceptar subordinarse a este aparato y pisotear, para servirle, todos los valores humanos, en uno mismo y en los demás.[29]

A partir de entonces, la filósofa concede poca importancia a las críticas que recibe, ya que solo trabaja por una cosa: el establecimiento de la verdad al margen de cualquier sesgo ideológico. Unos años más tarde, mientras intenta explicar su negativa a ingresar en las órdenes religiosas, justifica esta intransigencia por su vocación de filósofa, que considera superior a sus aspiraciones de carácter religioso y a sus ideales políticos:

> El grado de probidad intelectual que me es obligatorio, por mi propia vocación, exige que mi pensamiento sea indiferente a todas las ideas sin excepción, incluidas, por ejemplo, las del materialismo y el ateísmo; esto es, que sea igualmente receptivo e igualmente prudente con respecto a todas.[30]

29. *Id.*, «Réflexions sur la guerre», *La Critique sociale*, n.º 10, noviembre de 1933, p. 239.
30. *Id.*, *Attente de Dieu*, Fayard, París, 1969, p. 65.

Más allá de las críticas que la filósofa formula contra los revolucionarios pronto transformados en torturadores, su participación en la guerra de España supone una oportunidad para volver a cuestionar el término *revolución*. En un pasaje escrito en 1936, observa lo siguiente:

> No es cierto que la revolución se corresponda automáticamente con una conciencia más elevada, más intensa y más clara del problema social. Lo cierto es lo contrario, al menos cuando la revolución toma la forma de guerra civil. En el caos de dicha guerra civil, los principios pierden toda medida común con las realidades, desaparece cualquier tipo de criterio con el que poder juzgar los actos y las instituciones, la transformación social queda librada al azar.[31]

¿Y qué podría ser peor que un cambio social dejado a la buena voluntad de unos pocos que, en el camino, se muestran incapaces de pensar más que en términos de poder, autoridad y retorno al orden? ¿Qué valor tiene un ideal si, en su mismo nombre, nos

---

31. *Id.*, «Que se passe-t-il en Espagne ?» («¿Qué ocurre en España»). Véase, más adelante, p. 66.

permitimos las peores transgresiones morales? Tales son las preguntas que se plantea la filósofa a lo largo de sus textos relacionados con la guerra de España. Y algunos dirán que este tipo de cuestionamiento en tiempos angustiosos adquiere un carácter un tanto «romántico». Sin embargo, sigue siendo el único digno de interés, porque lo que se cuestiona es el corazón mismo de la utopía, es decir, sus fines pero también sus medios, y más aún los límites de esos medios. Así pues, ¿nuestra autora muestra un pesimismo extremo o más bien una lucidez inusual cuando afirma que, durante los periodos revolucionarios, ocurre lo siguiente?:

> El mal que se halla en la empuñadura de la espada se transmite a la punta. Y las víctimas, así encumbradas y ebrias por el cambio, acaban haciendo un daño igual o mayor, y pronto vuelven a caer en lo mismo.[32]

¿No es esta íntima convicción la que la empuja, tras su apasionada lectura de *Los grandes cementerios bajo la luna,* a escribir una larga carta a Georges Ber-

---

32. *Id., La pesanteur et la grâce,* Plon, París, 2002, p. 199.

nanos, con quien tiene muy poco en común?[33] En esta misiva, Weil vuelve a relatar los crímenes cometidos por ambos bandos:

> En Aragón, un pequeño grupo internacional de veintidós milicianos de todos los países apresó, tras una escaramuza, a un joven de quince años que luchaba como falangista. Tan pronto como lo cogieron, temblando al ver morir a sus compañeros junto a él, dijo que había sido reclutado por la fuerza. Lo registraron y encontraron una medalla de la Virgen y un carné de falangista; fue enviado ante Durruti, jefe de la columna, quien, tras explicarle durante una hora la belleza del ideal anarquista, le dio a elegir entre morir o alistarse inmediatamente en las filas de quienes lo habían hecho prisionero, para luchar contra sus camaradas de la víspera. Durruti le dio al muchacho veinticuatro horas para que se lo pensase; pasado el plazo, el joven dijo que no y lo fusilaron. No obstante, Durruti fue en algunos aspectos un hombre admi-

33. «Usted es monárquico, un discípulo de Drumont. ¿Qué me importa? Me resulta incomparablemente más cercano que mis compañeros de la milicia aragonesa, esos camaradas a quienes, sin embargo, yo amaba» —«Lettre à Georges Bernanos». Véase, más adelante, p. 93.

rable. La muerte de este pequeño héroe no ha dejado de pesar en mi conciencia, aunque no me enteré de lo ocurrido hasta más tarde.[34]

Ha llegado la revolución y el «hombre admirable» se convierte en un verdugo capaz de fusilar a un muchacho. ¿Acaso podría ser de otra manera? «No ejercer todo el poder del que se dispone es soportar el vacío. Es contrario a todas las leyes de la naturaleza: solo la gracia puede conseguirlo».[35] Por sublime que sea su ideal, el revolucionario sigue siendo un ser humano; con sus grandezas y sus miserias.

Quizá, llegado al final de este recorrido, el lector quede algo perturbado por la actitud aparentemente contradictoria de Simone Weil. Ella está comprometida con los republicanos, aunque denuncia constantemente la abominación de sus crímenes. El episodio de la ejecución fallida de un sacerdote franquista muestra en sí mismo la complejidad y la radicalidad de la posición de nuestra autora. Como nos cuenta Simone Pétrement :

34. *Ibid.*, pp. 89-90.
35. *Id.*, *La pesanteur et la grâce, op. cit.*, p. 18.

Cuando estuvo a punto de presenciar la ejecución de un sacerdote, se preguntó si no iba a intervenir para impedir la ejecución, a riesgo de que la fusilasen a ella también. Al final, no tuvo que correr ese riesgo, ya que una feliz casualidad impidió la ejecución.[36]

Pero si contemplamos un poco más de cerca las posiciones de la filósofa, nos damos cuenta de que solo son contradictorias en apariencia, porque lo que ella nos dice sobre la guerra y sobre la sangre derramada en nombre de cualquier ideal revolucionario es en realidad muy claro; quizá demasiado para el pensamiento profano. En efecto, en su absoluta radicalidad, la postura de la combatiente Simone Weil se relaciona más con el ámbito de la santidad. Nuestra autora vivió al pie de la letra lo que pensaba. Y ninguna exposición puede explicar esto plenamente. Debemos aceptarlo no como una conveniencia retórica, sino como una prueba de que, confrontados con Simone Weil, estamos a un ser que nos supera, que se nos escapa.

ALEXANDRE MASSIPE

36. S. Pétrement, *La vie de Simone Weil, op. cit.*, p. 397.

LA GUERRA DE ESPAÑA

DIARIO DE ESPAÑA[1]
(Agosto-septiembre de 1936)

Simone Weil llega a España el 8 de agosto y abandona el país el 25 de septiembre, tras la grave quemadura accidental sufrida en un pie. Las notas que componen este «Diario de España» están escritas en un cuaderno del que se conservan 34 hojas —muchas fueron arrancadas y otras se hallan en blanco.

Portbou-Barcelona
Primeras impresiones de la guerra:
Cuesta creer que Barcelona sea la capital de una región en plena guerra civil. Cuando se ha conocido la ciudad en tiempos de paz y se llega a la estación de trenes, no se tiene la impresión de un cambio. Los trá-

---

1. Publicado originalmente en *Écrits historiques et politiques,* Gallimard, París, 1960.

mites ya se han realizado en Portbou; sales de la estación de Barcelona como cualquier turista y deambulas por las alegres calles. Los cafés están abiertos, aunque menos concurridos de lo habitual, al igual que las tiendas. El dinero sigue desempeñando el mismo papel. Si no hubiera tan pocos policías y tantos muchachos armados con fusiles, no se notaría nada en absoluto. Se necesita cierto tiempo para darse cuenta de que se trata efectivamente de la Revolución, y de que se está viviendo aquí uno de esos periodos históricos sobre los que leemos en los libros y que nos han hecho soñar desde la infancia: 1792, 1871, 1917. Esperemos que tenga efectos más felices.

Nada ha cambiado, de hecho, salvo una pequeña cosa: el poder está en manos del pueblo. Los hombres vestidos con monos azules son los que mandan. Estamos en uno de esos periodos extraordinarios, que hasta ahora no han perdurado, en los que asumen la responsabilidad quienes siempre han obedecido. Ello no está exento de inconvenientes, por supuesto. Cuando les das fusiles cargados a chicos de diecisiete años en medio de una población desarmada...

Lérida

Mil[icianos] com[unistas] reg[ionales] de la CNT —cinco obreros de la construcción—. El comunismo libertario, «no de inmediato, en uno o dos meses».

Columna Durruti
Viernes, 14-sábado, 15

Conversación con los campesinos de Pina:

¿Aceptan cultivarlo todo juntos?

Primera respuesta (varias veces): Haremos lo que diga el comité.

Un viejo: Sí, a condición de que le demos todo lo que necesita, y que no siempre tenga problemas, como ahora, para pagarle al carpintero, al médico...

Otro: tendremos que ver cómo marchan las cosas...

¿Prefieren cultivar juntos en lugar de compartir? —Sí (no muy categórico).

¿Cómo vivían? —Trabajando día y noche y comiendo muy mal. La mayoría no sabe leer. Los niños trabajan; una muchacha de catorce años lleva dos trabajando, hace la colada (se ríen mucho mientras cuentan todo esto). Ganan 20 pesetas al mes (una chica de veinte años), 17, 16... Van descalzos.

Ricos propietarios de Zaragoza.

El cura. —No tenían nada para dar limosna, pero le daban aves de corral al cura. —¿Era querido? —Sí, por muchos. —¿Por qué? Ninguna respuesta clara.

Quienes hablaron con nosotros nunca habían ido a misa. (Gente de todas las edades.) ¿Había mucho odio a los ricos? —Sí, pero más aún entre la gente pobre.

¿Esta situación puede obstaculizar el trabajo en común? —No, puesto que ya no habrá desigualdad.

¿Trabajarán todos lo mismo? —A quien no trabaje lo suficiente habrá que obligarlo. Solo comerán quienes trabajen.

¿Es mejor la vida en la ciudad que en el campo? —El doble de buena. Se trabaja menos. Se viste mejor, hay distracciones, etc. Los obreros de la ciudad están más al corriente de las cosas... Uno de ellos se fue a trabajar a la ciudad y, tres meses después, volvió con costumbres nuevas.

¿Tienen envidia de la ciudad? —Les trae sin cuidado...

Servicio militar: un año. Solo piensan en volver a casa. —¿Por qué? —Comen mal. Cansancio, disciplina, golpes (si respondes, te fusilan). Golpes con las manos, con la culata del fusil, etc. Los ricos lo hacen en otras condiciones.

¿Habría que suprimirlo? —Sí, sería lo mejor.

Los que estaban a favor del cura no han cambiado de opinión; guardan silencio.

Régimen: pagan una renta al propietario.

A muchos los echan porque no pueden pagar el alquiler. Tienen que hacerse jornaleros, por dos pesetas diarias.

Hay un intenso sentimiento de inferioridad.

Domingo, 16
Durruti en Pina

(Guardia civil — guardias de asalto — campesinos.) Sevillano.

Discurso de Durruti a los campesinos: Soy un trabajador. Cuando todo haya terminado, iré a trabajar a la fábrica.

Durruti en Osera

Órdenes: no comer ni dormir con los campesinos. Obedecer al «técnico militar». Discusión violenta.

Organización: delegados electos. Sin competencia ni autoridad. No hacen que se respete la autoridad del técnico militar.

Un campesino se queja al chico de Orán (Marquet) de que los centinelas se quedan dormidos.

Regreso al cuartel general
Camarada escapado de Zaragoza. Propuesta de expedición. Sevillano. El que quiere quedarse con su amigo y entregar las armas.

Trescientos hombres sin armas enviados desde Lérida. Cinco cañones «prestados» a la columna de Huesca (es decir, enviados desde Lérida con el consentimiento de Durruti). García Oliver[2] ha ido en avión a Valencia. Oficial desaparecido. Coordinación de operadores de telégrafos y operadores de telefonía.

Ayuda anunciada: dos mil hombres armados, escuadrón de caballería, 2 [¿?] baterías de 15, dos tanques de montaña.

Conversación telefónica entre Durruti y Santillán. Tomar Quinto costaría 1200 hombres sin cañones. Con cañones se puede llegar a las puertas de Zaragoza.

Muy enérgico: Podemos bombardear Zaragoza.
[Un viejo: «Sí, Señor».]

2. Juan García Oliver (1901-1980), anarquista que fundó con Buenaventura Durruti el grupo de «Los Solidarios». Durante la guerra civil fue ministro de Justicia en el gobierno de Largo Caballero.

Lunes, 17

Se ha trasladado el cuartel general a la casa de los campesinos frente a la cual hay tanto trigo (¡extraño movimiento!). Por la mañana, partida en coche hacia Pina. La joven pareja se besa mientras uno de los dos conduce. Encontrado el grupo instalado en la escuela. Estupendo. (Manuales patrióticos.) (También está allí el hospital.) Comemos con los mismos campesinos (el 18). Me dan un fusil: un bonito mosquetón. Por la tarde, se bombardea de forma dispersa. Le he escrito a Boris: «Aún no he oído ningún disparo de fusil» (salvo en los ejercicios de tiro). De repente, ¡bum!, un estruendo terrible. «La aviación bombardea». Salimos con las armas. Orden: al maíz. Tumbados. Me echo en medio del barro para disparar al aire. Al cabo de unos minutos nos levantamos. Los aviones vuelan demasiado alto como para dispararles. Salva de balas de la mitad de los españoles. Uno dispara horizontalmente, hacia el río. (¿Algunos disparan revólveres?) Vamos a buscar la bomba. Diminuta. Daños en un radio de ½ m. No me he emocionado en absoluto.

Todavía hay campesinos ociosos en el lugar, pero muchos menos.

Louis Berthomieu (delegado): «Vamos a cruzar el río». Se trata de ir a quemar tres cadáveres del enemigo. Cruzamos en barca (un cuarto de hora de discusiones). Buscamos. Hay un cadáver vestido de azul, devorado, horrible. Lo quemamos. Los demás buscan lo que queda. Nosotros descansamos. Se habla de dar un golpe de mano. Esperamos a que el grueso de la tropa regrese, y entonces se decide (¿?) aplazar la operación hasta el día siguiente. Volvemos al río, sin escondernos mucho. Vemos una casa. Pascual (del comité de guerra): «Vamos a buscar melones». (¡Lo dice con total seriedad!) Vamos por los matorrales. Calor, un poco de angustia. Me parece una idea estúpida. De repente, comprendo que vamos a asaltar la casa. Es entonces cuando me inquieto mucho (ignoro la utilidad de lo que vamos a hacer, y sé que si nos pillan nos fusilarán). Nos dividimos en dos grupos. El delegado, Ridel y tres alemanes se arrastran hacia la casa. Nosotros nos quedamos en las zanjas (después, el delegado nos regaña: también deberíamos haber avanzado hasta la casa). Esperamos. Oímos hablar... Tensión agotadora. Vemos que nuestros compañeros regresan sin ocultarse, nos unimos a ellos y volvemos a cruzar el río tranquilamente. Un movimiento en falso podría haberles costado la vida. Pascual es el que manda. (Carpentier y Giral, con nosotros.)

Nos acostamos sobre la paja (dos botas en un rincón y una buena manta). Le gritan al enfermero que quiere apagar la luz.

La expedición ha sido la primera y la *única* ocasión en la que he tenido miedo durante mi estancia en Pina.

Martes, 18

Muchos proyectos para el otro lado del río. Hacia el final de la mañana decidimos cruzarlo en mitad de la noche, nosotros, el «grupo», para aguantar allí unos días hasta la llegada de la columna de Sastano. El día se dedica a diversos trámites. Hay una cuestión inquietante: la de las ametralladoras. El comité de guerra de Pina las deniega. Al final, gracias al coronel italiano, el jefe de la «banda negra», conseguimos una (y otra más). No las probamos.

Ha sido el coronel el que primero ha propuesto ir allí, pero al final se trata de una misión oficial del comité de guerra de Pina.

Voluntarios, por supuesto. La víspera, Berthomieu nos reúne y nos pide nuestra opinión. Completo silencio. Insiste en que digamos lo que pensamos. Continúa el silencio. Entonces habla Ridel: «Bien, todos estamos de acuerdo». Y eso es todo.

Nos acostamos. El enfermero que quiere apagar las luces... Me acuesto vestida. Apenas duermo. Nos levantamos a las dos y media. Mi macuto está preparado. Emoción. Las gafas. Repartimos la carga (yo llevo un mapa y un barreño). Órdenes. Caminamos sin hablar, aunque estoy un poco inquieta. Cruzamos en dos grupos. Louis se enoja, grita (si están ahí...). Desembarcamos. Esperamos. Comienza a amanecer. El alemán hace el café. Louis encuentra el montículo, ordena trasladar los bártulos y me envía allí. Me quedo un rato en el lugar y luego voy a tomar café. Louis ha dispuesto las guardias. Enseguida nos ponemos a trabajar, a montar la cocina y preparar el terreno, levantando barricadas para no ser vistos. Mientras, los demás van a la casa. Allí encuentran a una familia, con un muchacho de 17 años (¡guapo!). Información: nos vieron en el otro reconocimiento. Vigilaban la orilla. Quitaron a los guardias cuando llegamos. Ciento doce hombres. El teniente ha jurado atraparnos. Regreso. Traduzco la información a los alemanes. «¿Cruzamos el río otra vez?», preguntan. «No, nos quedamos, por supuesto». (¿Vamos a Pina a telefonear a Durruti?) Órdenes: volver y traer a la familia de campesinos. (Mientras, el compañero alemán nombrado cocinero se queja porque no hay sal, aceite ni verduras.) Berthomieu, furioso (es peligroso volver a la casa), reúne a la expedición. Me dice: «¡Tú a la cocina!». No me atrevo a protestar. Además, esta expedición solo me conviene a medias... Con angustia, los veo partir... (pero en el fondo corro casi el mismo peligro). Cogemos nuestros fusiles, aguardamos. Pronto el alemán propone ir al pequeño atrincheramiento bajo el árbol que ocupaban Ridel y Carpentier (quienes se han ido con la expedición, claro). Nos tumbamos allí, a la sombra, con nuestros fusiles (sin cargar). Esperamos. De vez en cuando, el alemán deja escapar un suspiro. Obviamente, está asustado. Yo no. Pero ¡qué intensidad adquiere todo a mi alrededor! En esta guerra no se hacen prisioneros. Cuando se atrapa a alguien, se lo fusila. Nuestros compañeros regresan. Un campesino, su hijo y el muchacho... Fontana levanta el puño mirando a los críos. El hijo responde visiblemente de mala gana. Cruel coacción... El campesino vuelve a buscar a su familia. Regresamos a nuestros respectivos puestos. Reconocimiento aéreo. Nos escondemos. Louis alza la voz para ordenarnos que no cometamos una imprudencia. Me tumbo boca arriba, miro las hojas, el cielo azul. Qué día tan hermoso. Si me atrapan, me matarán... pero lo tengo merecido. Los nuestros han derramado ya mucha sangre.

Soy moralmente cómplice. Calma completa. Nos re-agrupamos y, entonces, se repite la escena. Me escondo en el montículo. Bombardeo. Salgo para ir hacia la ametralladora. Louis grita: «¡No tengáis miedo!». Me manda con el alemán a la cocina, con los fusiles al hombro. Esperamos. Finalmente llega la familia del campesino (tres niñas y un niño de ocho años), todos aterrorizados (el bombardeo no es poca cosa). Se abren un poco con nosotros. Tienen mucho miedo. Les preocupa el ganado que han dejado en la granja (al final se lo llevaremos a Pina). Obviamente no son simpatizantes.

[Sitges,] 5 de septiembre
Los milicianos enviados a Mallorca regresan de forma brusca. Diez de los oriundos de Sitges han fallecido. (No se tenía noticias de ello.) Expedición punitiva nocturna, en coche, para matar a diez «fascistas». Y lo mismo la noche siguiente. La gente huye (el panadero que abastece al hotel...).

Historias de C.: en Lérida, la columna de García Oliver, a pesar de la CNT del lugar, quema la catedral (llena de objetos de valor, de oro, de tesoros artísticos) y masacra a veinte personas en la cárcel, tras entrar allí por la fuerza.

Enfermero de la columna del POUM (estudiante de medicina). Lleva de vuelta a Lérida en coche a un herido que sufre gangrena en una pierna. Afirma (falsamente) que no hay sitio en dicha ciudad, y ordena al conductor que continúe hacia [¿?]. A seis kilómetros de Lérida, tienen una avería. El enfermero regresa a la ciudad llevándose la «documentación» y abandonando el coche en la carretera. El conductor es italiano, no sabe español. Cuando por casualidad pasa por allí un camión del POUM, [los españoles] están a punto de hacérselo pasar mal. Ocho días de prisión para el enfermero.

Avión bombardero abandonado por el avión de combate que lo escoltaba (sus ametralladoras se habían encasquillado)...

Villafranca (cerca de Sitges)
Berthollet me había dicho que allí imperaba el comunismo libertario. En realidad, no han abolido el dinero, ni siquiera por un día. Tampoco han colectivizado los campos. Los campesinos *(rabassaires)* no pagan por el arrendamiento de las tierras (...), eso es todo. Se colectivizará antes del año que viene (¿?). Una gran tienda cuyo propietario fue fusilado. ¿Colectivizada? «Estamos en ello». Montones de fábricas pequeñas

(con entre ocho y diez obreros), talleres de mecánica, etc. Los patronos trabajan allí como obreros. Empresas colectivizadas o cooperativas (¿diferencia?). El Comité del Frente Popular (CNT, POUM, Esquerra) les ha encargado y pagado un camión blindado. Recursos: el impuesto de guerra, las cuentas bancarias de los reaccionarios. «No hemos matado a los reaccionarios, les hacemos pagar». Esquerra y la Lliga tenían casi la misma fuerza. «¿Qué se ha hecho con los militantes de la Lliga? —Nada, se han afiliado a la CNT» (¡!). (Se trata de los pequeños patronos convertidos en obreros.) Hubo una treintena de ejecuciones: el cura y los grandes terratenientes. «¿Fascistas? —No, fascistas de hecho», es decir, malos tipos.

Carpentier, Ridel (Siétamo)
Ruano. Él es quien ha matado a B[adía] (¡buen trabajo!). Cincuenta hombres en Lérida (el primer día) (¿?). En Siétamo, llega con doce horas de retraso el conductor del tanque, quien no ha querido avanzar, y por cuya culpa ha resultado herido un compañero.

Santillán quiere matar a los soldados capturados. Louis le dice que si los fusila, se le fusilará a él después. Guarda silencio.

Antes, todavía en Pina, españoles del grupo internacional han participado en una ejecución (el notario, que había regresado). Se habla de expulsarlos del grupo. Luis está furioso. Se decide que el grupo no participará en expediciones.

Fábrica de La Marítima

Nueve delegados, cuatro permanentes. Cinco trabajan como obreros a media jornada. Salarios de obreros.

Entre 17 y 19 pesetas. 40 horas + 16 gratuitas.

Contribución voluntaria de 12 pesetas. CNT al 98%.

Bombas, etc. —Locomotoras.

Capital español y alemán. El director se llevó el dinero (12 millones).

Dibujos artísticos, encontrados en los archivos. Obreros que han trabajado en fábricas de munición en Francia.

Las primas han sido eliminadas. «Se trabaja más».

Fábrica de La Hispano

(El director, fusilado; cuatro obreros.)

La moral es muy baja.

Comité ejecutivo de ocho miembros (seis obreros y dos oficinistas), más un presidente. Esos ocho se apoderaron de la fábrica. Hicieron venir a los obreros y se nombraron a sí mismos ante ellos. Hubo un plebiscito.

Los jefes subalternos conservaron su puesto. Algunos han sido cambiados esta semana (por incapacidad).

Comité de técnicos. Al principio, tres jefes de taller. Ahora son más. Sugerencias recibidas a través de los canales jerárquicos.

Vehículos blindados improvisados. Se los ha ido perfeccionando poco a poco.

(Horario Laboral: de 9 a 12 y de 14 a 17.)

Disciplina: despidos de los malos elementos (los malos camaradas). Amonestaciones a los trabajadores indisciplinados. Multas por los retrasos. No hay defectos.

Primas eliminadas. «Trabajamos más».

Solidaridad Obrera del viernes… agosto. Resolver la crisis *bajando los costes de producción.* Formas de bajarlos. Recursos naturales de España no explotados. Pequeñas empresas. Intercambios.

Minas de potasa

No se trabaja, pero se cobra igual. ¿Por qué no funcionan? Debido al trust de la potasa, por el que hay que pasar.

«Se hacen intercambios con los campesinos, de aceite y gasolina (en pesetas, los campesinos reciben la mitad de lo que dan).»

¿HAY QUE ENGRASAR LAS BOTAS?[1]
(Octubre de 1936)

Empezábamos a acostumbrarnos a oír a algunos de nuestros camaradas cantar la Marsellesa, pero desde el estallido de la guerra de España hemos oído por doquier palabras que, por desgracia, nos remontan veintidós años atrás. Parece que esta vez uno carga la mochila por la ley, la libertad y la civilización, sin contar con que esta sería, por supuesto, la última de las guerras. Además, se trataría de destruir el militarismo alemán y de defender la democracia junto a una Rusia que, por decir lo menos, no es un Estado democrático. Es como si hubiéramos inventado la máquina del tiempo...

Pero esta vez hay en España una guerra civil. Para algunos camaradas, ya no se trata de transformar

---

1. Publicado originalmente en *Vigilance*, n.º 44/45, 27 de octubre de 1936, e incluido con posterioridad en *Écrits historiques et politiques*, Gallimard, París, 1960.

la guerra internacional en guerra civil, sino a la inversa. Incluso oímos hablar de «guerra civil internacional». Parece que al tratar de evitar esta ampliación de la guerra, mostramos una vergonzosa cobardía. Así, una revista que se dice influida por Marx ha hablado de la «política de poner el trasero».

¿De qué se trata? ¿De que uno se demuestre a sí mismo que no es un cobarde? Camaradas, nos comprometemos con España. Hay forma de alistarse. Ya os conseguiremos allí algún fusil... ¿O más bien se trata de defender un ideal? Entonces, camaradas, háganse esta pregunta: ¿puede una guerra traer al mundo más justicia, más libertad, más bienestar? ¿Tenemos experiencia al respecto o no? ¿Acaso cada generación ha de vivirla? Cuantas veces tenemos que pasar por ello?

Pero se dirá que no se trata de hacer la guerra, que hay que hablar con firmeza y que, entonces, las potencias fascistas retrocederán.

¡Singular falta de lógica! El fascismo, se dice, es la guerra. ¿Qué significa eso aparte de que los Estados fascistas no retrocederán ante los indescriptibles desastres que causaría una guerra? Mientras, nosotros retrocedemos. Sí, estamos retrocediendo, retrocedemos ante la guerra. Y no porque seamos cobardes. Insisto, todos aquellos que temen verse a sí mismos como cobardes son libres de ir a España y hacerse matar. Si van al frente de Aragón, por ejemplo, tal vez se encuentren allí, fusil en mano, a algunos pacifistas franceses que siguen siendo pacifistas. No es un asunto de coraje o cobardía, sino que más bien se trata de sopesar las propias responsabilidades, de no hacerse responsable de un desastre al que nada se puede comparar.

Es necesario tomar partido. Cuando hay un gobierno que no rehúye la guerra y otro que la rehúye, este último estará normalmente en desventaja en las negociaciones internacionales. Debemos escoger entre el prestigio y la paz. Y ya reivindiquemos la patria, la democracia o la revolución, lo cierto es que la política de prestigio es la guerra. Así pues, sería el momento de decidirse: o se llevan flores a la tumba de Poincaré[2] o se deja de instarnos a actuar como fanfarrones. Y si la desgracia de los tiempos dicta que la guerra civil se convierta hoy en una guerra como cual-

2. Raymond Poincaré (1860-1934), presidente de la República durante la Primera Guerra Mundial y primer ministro en tres ocasiones, fue partidario de la mano dura contra Alemania. En 1919, un año después del fin de la contienda, instó a los franceses a llevar flores a las tumbas de los soldados caídos por Francia.

quier otra, y casi inevitablemente ligada a una guerra internacional, entonces solo podemos sacar una conclusión: ha de evitarse también la guerra civil.

Algunos de nosotros jamás, en ninguna circunstancia, llevaremos flores a la tumba de Poincaré.

REFLEXIONES QUE DISGUSTARÁN[1]
(Finales de 1936)

Tras los primeros meses de la guerra, el nuevo gobierno republicano de Largo Caballero impulsa un programa político cuya principal medida es la creación inmediata de un nuevo ejército y la unificación de la dirección de la guerra, lo cual incluye la militarización de las milicias y su incorporación a las Brigadas Mixtas, así como el restablecimiento del antiguo código de justicia militar y la creación de un cuerpo de comisarios políticos. Los dirigentes de la UGT y la CNT aceptan este programa y contribuyen a impulsarlo.

Sé que voy a disgustar y escandalizar a muchos buenos camaradas. Pero cuando se reivindica la libertad,

---

1. Proyecto de artículo, publicado originalmente en *Écrits historiques et politiques*, Gallimard, París, 1960.

se debe tener el coraje de decir lo que se piensa, incluso si ello causa desagrado.

Todos seguimos día a día, ansiosamente, con angustia, la lucha que se desarrolla al otro lado de los Pirineos. Intentamos ayudar a los nuestros. Pero eso no nos impide ni nos exime de aprender las lecciones de una experiencia que tantos obreros y campesinos están pagando allí con su sangre.

Ya hemos tenido en Europa una experiencia de este tipo, pagada también con mucha sangre: la experiencia rusa. Allí, Lenin había exigido públicamente un Estado donde no hubiera ejército, ni policía ni burocracia separados de la población. Pero una vez en el poder, él y los suyos se propusieron, mediante una larga y dolorosa guerra civil, construir la maquinaria burocrática, militar y policial más opresiva que jamás haya caído sobre un desafortunado pueblo.

Lenin era el líder de un partido político, de una máquina para tomar y ejercer el poder. Su buena fe y la de sus compañeros fueron cuestionadas; al menos, se podría pensar que había una contradicción entre los objetivos definidos por Lenin y la naturaleza de un partido político. Pero no podemos dudar de la buena fe de nuestros camaradas libertarios en Cataluña. Y ¿qué vemos allí? Por desgracia, también allí vemos aparecer formas de coacción, casos de inhumanidad directamente contrarios al ideal libertario y humanitario de los anarquistas. Las necesidades y la atmósfera de guerra civil prevalecen sobre las aspiraciones que se pretenden defender mediante la guerra civil.

Aquí odiamos la coacción militar, la coacción policial, la coacción en el trabajo, las mentiras difundidas por la prensa, por la radio, por todos los medios de difusión. Odiamos la diferenciación social, la arbitrariedad, la crueldad.

Pues bien, allí hay coacción militar. A pesar de la afluencia de voluntarios, se ha decretado la movilización. El Consejo de Defensa de la Generalidad, donde nuestros camaradas de la FAI ocupan algunos de los puestos directivos, acaba de decretar la aplicación del antiguo código militar a las milicias.

Hay coacción en el trabajo. El Consejo de la Generalidad, en el que nuestros camaradas se encargan de los departamentos de economía, acaba de decretar la obligación de que los trabajadores realicen tantas horas extra no remuneradas como se consideren necesarias. Otro decreto dispone que los trabajadores que no produzcan a un ritmo suficiente serán considerados facciosos y tratados como tales; lo cual significa, sencillamente, la aplicación de la pena de muerte en la producción industrial.

En cuanto a la coacción policial, por un lado la policía que existía antes del 19 de julio ha perdido casi todo su poder. Por otro lado, durante los tres primeros meses de la guerra civil, los comités de investigación, los militantes responsables y, con demasiada frecuencia, los individuos irresponsables han llevado a cabo fusilamientos sin el menor simulacro de juicio y, en consecuencia, sin que haya habido posibilidad alguna de ejercer un control sindical o de otro tipo. Hace tan solo unos días que se han instituido tribunales populares para juzgar a los facciosos o a quienes se presume que lo son. Aún es demasiado pronto para saber qué efecto tendrá esta reforma.

La mentira organizada existe, también, desde el 19 de julio...

¿QUÉ OCURRE EN ESPAÑA?[1]
(¿Finales de 1936?)

¿Qué está pasando en España? Todo el mundo tiene algo que decir al respecto, sus historias que contar, un juicio que pronunciar. Hoy está de moda hacer un viaje allí, ver un poco de revolución y de guerra civil y volver dispuesto a escribir una gran cantidad de artículos. Ya no se puede abrir un periódico o una revista sin encontrarse con relatos de lo que sucede en España. ¿Cómo podría todo esto no ser superficial? En primer lugar, una transformación social solo puede apreciarse adecuadamente en términos de lo que aporta a la vida cotidiana de cada uno de quienes integran el pueblo. Y no es fácil penetrar en esta vida cotidiana. Además, cada día trae algo nuevo. Y la coacción y la espontaneidad, la necesidad y el ideal se

1. Publicado originalmente en *Écrits historiques et politiques,* Gallimard, París, 1960.

mezclan de tal manera que provocan una confusión inextricable no solo en los hechos, sino también en la conciencia misma de los actores y espectadores del drama. Tal es el carácter esencial y, quizá, el mayor mal de la guerra civil. Tal es también la primera conclusión que puede extraerse de un examen rápido de los acontecimientos en España, y lo que sabemos sobre la Revolución rusa no hace más que confirmarlo. No es cierto que la revolución se corresponda automáticamente con una conciencia más elevada, más intensa y más clara del problema social. Lo cierto es lo contrario, al menos cuando la revolución toma la forma de guerra civil. En el caos de dicha guerra civil, los principios pierden toda medida común con las realidades, desaparece cualquier tipo de criterio con el que poder juzgar los actos y las instituciones, la transformación social queda librada al azar. ¿Cómo podemos contar algo coherente tras una corta estancia y unas observaciones fragmentarias? A lo sumo, podemos expresar algunas impresiones, sacar en claro algunas enseñanzas.

LA POLÍTICA
DE NEUTRALIDAD Y LA AYUDA MUTUA[1]
(Finales de 1936-principios de 1937)

*En este proyecto de artículo, y en el que le sigue, Weil
critica la posición ambigua del gobierno de Francia,
que se muestra partidario de la neutralidad en el conflicto español, pero está dispuesto a una intervención
armada para defender Checoslovaquia —en virtud
del tratado franco-soviético de asistencia mutua, del
2 de mayo de 1935, y del tratado soviético-checoslo-
vaco, del día 16 del mismo mes, con los que se buscaba
envolver a la Alemania nazi y reducir así la amenaza
que esta suponía para Europa.*

La política de la neutralidad con respecto a España
suscita controversias tan acaloradas que no nos damos

1. Publicado originalmente en *Écrits historiques et politiques*, Gallimard, París, 1960.

cuenta del formidable precedente que constituye en materia de política internacional.

La clase trabajadora francesa en general parece haber aprobado los esfuerzos de Léon Blum por salvaguardar la paz.[2] Pero, cuando menos, debemos pedirle a dicha clase que tal aprobación esté condicionada. Necesitamos saber si esos esfuerzos por salvaguardar la paz tendrán el resultado lógico que implican. Y, francamente, su consecuencia lógica estaría en directa contradicción con el programa del Frente Popular. Para plantear claramente la cuestión, debemos escoger entre la neutralidad y la ayuda mutua.

La ayuda mutua es la consigna que el Frente Popular ha hecho resonar en nuestros oídos hasta la obsesión, antes, durante y después del periodo electoral. Tal consigna ya nos resultaba familiar: los políticos de derechas nos habían acostumbrado a ella. Pero hoy constituye toda la doctrina de los partidos de izquierda. El gran discurso de Blum en Ginebra no hizo más que desarrollarla y exponerla en todos sus aspectos. Pero resulta que ahora el propio Blum, no con sus pa-

2. Como ya se ha dicho, el socialista Léon Blum era por esas fechas presidente del Consejo de Ministros de la República Francesa.

labras, sino con sus acciones, proclama que dicha consigna es absurda.

¿Qué ocurrió al otro lado de los Pirineos en julio? Tuvo lugar una agresión clara, de la que nadie puede dudar. Por supuesto, no fue una nación la que atacó a otra nación. Una casta militar atacó a un gran pueblo. Pero estamos más directamente interesados en el resultado del conflicto. Las libertades del pueblo francés están estrechamente ligadas a las libertades del pueblo español. Si la doctrina de la ayuda mutua fuera razonable, esta sería la ocasión de intervenir por la fuerza armada, de acudir en ayuda de las víctimas de la agresión.

No lo hemos hecho por miedo a incendiar toda Europa. Hemos proclamado la neutralidad y hemos impuesto un embargo de armas. Dejamos que nuestros queridos camaradas arriesguen solos sus vidas por una causa que es tan nuestra como suya. Los dejamos caer, fusil o granada en mano, porque deben sustituir con su carne viva los cañones que les faltan. Y todo ello para evitar la guerra europea.

Pero si hemos aceptado con gran pesar esta situación, que nadie piense más tarde en hacernos tomar las armas cuando se trate de un conflicto entre naciones. Lo que no hemos hecho por nuestros queridos camaradas de España no lo haremos tampoco por Checoslovaquia, ni por Rusia ni por ningún Estado. Ante el conflicto que nos resultaba más conmovedor, hemos permitido que el gobierno proclamara la neutralidad. Que nunca más se le ocurra hablarnos de ayuda mutua. Ante todos los conflictos que puedan estallar en la superficie del globo, cualesquiera que sean, gritaremos con todas nuestras fuerzas: «¡Neutralidad! ¡Neutralidad!». Únicamente tendremos perdón, por haber aceptado la neutralidad ante la masacre española, si hacemos todo lo posible por transformar esta actitud en un precedente que rija en el futuro toda la política exterior francesa.

¿Podría ser de otra manera? Observamos casi pasivamente cómo corre la mejor sangre del pueblo español, ¡pero iríamos a la guerra por cualquier Estado de Europa Central! Dejamos que una revolución muy joven, flamante, rebosante de vida, de un porvenir ilimitado, quede expuesta a la derrota, al exterminio, pero iríamos a la guerra por ese cadáver de la revolución llamado URSS.

La actual política de neutralidad constituiría la peor traición por parte de las organizaciones obreras francesas si no estuviera dirigida contra la guerra. Y solo puede dirigirse efectivamente contra la guerra si se amplía, si el principio de neutralidad reemplaza por completo al mortífero principio de la ayuda mutua. Solo con esta condición tenemos derecho a aprobar a Léon Blum.

NO INTERVENCIÓN GENERALIZADA[1]
(Invierno de 1936-1937)

Desde el inicio de la política de no intervención, pesa en mi corazón el desasosiego. Y, ciertamente, son muchos quienes lo comparten.

No es mi intención sumarme a los violentos ataques, algunos sinceros, la mayoría pérfidos, que han sido lanzados contra nuestro camarada Léon Blum. Reconozco las necesidades que determinan su acción. Por duras y amargas que sean, admiro el coraje moral que le permitió someterse a ellas a pesar de todas las declamaciones. Incluso cuando estuve en Aragón, en Cataluña, en medio de una atmósfera de combate, entre militantes que no tenían palabras suficientemente duras para describir la política de Blum, incluso entonces aprobé esta política. Porque me niego

---

1. Proyecto de artículo, publicado originalmente en *Écrits historiques et politiques,* Gallimard, París, 1960.

a sacrificar deliberadamente la paz, aunque se trate de salvar a un pueblo revolucionario amenazado de exterminio.

Pero, en casi todos los discursos que ha pronunciado nuestro camarada Léon Blum desde el comienzo de la guerra de España, encuentro, junto a fórmulas profundamente conmovedoras sobre la guerra y la paz, otras fórmulas que suenan inquietantes. He esperado ansiosamente que los militantes responsables reaccionaran, debatieran y plantearan ciertas preguntas. Pero observo que la turbulenta atmósfera que existe dentro del Frente Popular reduce a muchos camaradas al silencio o a una expresión velada de sus pensamientos.

Léon Blum no pierde ocasión, en medio de sus frases más conmovedoras, de afirmar en esencia lo siguiente: queremos la paz, la mantendremos a toda costa, a menos que una agresión contra nuestro territorio o contra los territorios con los que nos hemos comprometido nos obligue a librar la guerra.

En otras palabras, no haremos la guerra para impedir que los obreros y campesinos españoles sean exterminados por una banda de salvajes más o menos condecorados. Pero, si fuera necesario, iríamos a la guerra por Alsacia y Lorena, por Marruecos, por Rusia, por Checoslovaquia, y si algún Tardieu[2] hubiera firmado una alianza con Honolulú, iríamos a la guerra por Honolulú.

Debido a la simpatía que siento por Léon Blum y, sobre todo, a las amenazas que pesan sobre nuestro futuro, daría mucho por poder interpretar de otro modo las fórmulas en las que estoy pensando. Pero no hay otra interpretación posible. Las palabras de Blum son demasiado claras.

¿Los militantes de las organizaciones de izquierda y de la CGT,[3] los obreros y campesinos de nuestro país, aceptan esa posición? No lo sé, pero cada cual debe asumir su responsabilidad. Por lo que a mí respecta, no acepto dicha posición.

Los obreros y los campesinos que al otro lado de los Pirineos luchan por defender su vida, su libertad, para librarse de la opresión social que han sufrido durante tanto tiempo, para tomar las riendas de su destino, no están ligados a Francia por ningún tratado escrito. Pero todos nosotros, la CGT, el Partido

2. Como ya se ha dicho, André Tardieu (1876-1945), republicano moderado, fue presidente del Consejo de Ministros en tres ocasiones, entre 1929 y 1932.

3. La Confederación General del Trabajo, organización sindical francesa fundada el 23 de septiembre de 1895.

Socialista y la clase obrera nos sentimos unidos a ellos por un pacto no escrito de fraternidad, por lazos de carne y sangre más fuertes que todos los tratados. ¿Qué peso tienen, en vista de esta fraternidad unánimemente sentida, las firmas de los Poincaré, Tardieu o Laval de turno en documentos que jamás han sido sometidos a nuestra aprobación? Si pudiera justificarse la cantidad de sufrimiento, de sangre y lágrimas que representa una guerra, sería únicamente cuando un pueblo lucha y muere por una causa que quiere defender, no cuando lo hace por un trozo de papel cuyo contenido desconoce.

Léon Blum comparte, sin duda, los sentimientos de las masas populares con respecto a la cuestión española. Se dice que derramó lágrimas cuando habló de España ante los secretarios de las federaciones socialistas. Y si estuviera en la oposición, probablemente haría suya la consigna «Cañones para España».[4] Lo que ha puesto freno a su solidaridad es un sentimiento ligado a la posesión del poder: el sentimiento de responsabilidad de un hombre que tiene en sus manos la

4. Como ya se ha observado en el prólogo, tal era el eslogan con el que los comunistas hicieron campaña en favor de la intervención en la guerra civil española.

suerte de un pueblo y que se ve a punto de lanzarlo a una guerra. Pero si en lugar de los obreros y campesinos españoles estuviera en juego Checoslovaquia, ¿albergaría el mismo sentido de la responsabilidad? ¿O cierta mentalidad jurídica le haría creer que en tal caso toda la responsabilidad recae en un trozo de papel? Esta pregunta es para cada uno de nosotros una cuestión de vida o muerte.

La seguridad colectiva se halla en el programa del Frente Popular. A mi juicio, los comunistas tienen razón cuando acusan a Léon Blum de abandonar dicho programa en lo que respecta al asunto español. Cierto es que los pactos y otros textos relativos a la seguridad colectiva no prevén nada parecido al conflicto español; porque nunca contamos con algo como esto. Pero en última instancia los hechos son bastante claros. Ha habido una agresión, una típica agresión militar, aunque en forma de guerra civil. Países extranjeros han apoyado esta agresión. Así pues, parecería normal extender el principio de seguridad colectiva a un caso así, intervenir militarmente para aplastar al ejército culpable de agresión. Pero en lugar de avanzar en esta dirección, Léon Blum ha intentado limitar el conflicto. ¿Por qué? Porque la intervención, en vez de restablecer el orden en España, habría incendiado toda Europa. Pero siempre ha sido así y siempre lo será cuando una guerra local plantea la cuestión de la seguridad colectiva. Reto a cualquiera, incluido Léon Blum, a que explique por qué las razones en contra de intervenir en España tendrían menos fuerza si se tratara de una Checoslovaquia invadida por los alemanes.

Muchos han pedido a Léon Blum que «reconsidere» su política con respecto a España. Adoptan una posición que se puede defender. Y si no la adoptamos, entonces, para ser coherentes con nosotros mismos, debemos pedir a Léon Blum, por un lado, y a las masas populares, por el otro, que «reconsideren» el principio de la seguridad colectiva. Si la no intervención en España es razonable, la seguridad colectiva es un absurdo, y viceversa.

El día que Léon Blum decidió no intervenir en España, asumió una gran responsabilidad. Entonces decidió llegar, si fuera necesario, hasta el extremo de abandonar a nuestros camaradas allí al exterminio masivo. Todos los que lo apoyamos compartimos esta responsabilidad. Así pues, si acordamos sacrificar a los mineros de Asturias, a los campesinos hambrientos de Aragón y Castilla, a los obreros libertarios de Barcelona antes que iniciar una guerra mundial, entonces nada en el mundo debería llevarnos a iniciar una guerra. Nada, ni Alsacia y Lorena, ni las colonias, ni los pactos. Que no se diga que nada en el mundo nos es más querido que la vida de los españoles. Y si los abandonamos, si dejamos que sean masacrados y luego de todos modos vamos a la guerra por otra razón, ¿qué podrá justificarnos ante nuestros propios ojos?

¿Nos decidiremos a afrontar estas cuestiones, a plantearnos el problema de la guerra y la paz en su conjunto? Si seguimos evitando el problema, haciendo la vista gorda voluntariamente, repitiendo consignas que no resuelven nada, que llegue pues una catástrofe global. Todos la habremos merecido por nuestro espíritu cobarde.

EL HOMBRE DE PARTIDO
ANTE LA GUERRA DE ESPAÑA[1]
(Abril de 1937)

[S]i alguien se atreve a exponer ante un hombre de partido la idea de un armisticio en España, este, si es un hombre de derechas, responderá con indignación que hay que luchar hasta el final por la victoria del orden y el aplastamiento de quienes generan la anarquía; y, si es un hombre de izquierdas, responderá con no menos indignación que hay que luchar hasta el final por la libertad del pueblo, por el bienestar de las masas trabajadoras, por el aplastamiento de los opresores y los explotadores. El primero olvida que ningún régimen político, sea este cual fuere, conlleva desórdenes que puedan compararse a

1. Fragmento del artículo «Ne recommençons pas la guerre de Troie» («No empecemos otra vez la guerra de Troya»), publicado originalmente en *Nouveaux Cahiers*, n.ºs 2 y 3, del 1 y 15 de abril de 1937, e incluido con posterioridad en *Écrits historiques et politiques*, Gallimard, París, 1960.

los de la guerra civil, con la destrucción sistemática, las masacres en serie en la línea de fuego, la caída de la producción, los cientos de crímenes individuales cometidos diariamente en ambos lados, debido a que cualquier granuja va armado con un fusil. Y, por su parte, el hombre de izquierdas olvida que, incluso en el campo de los suyos, las necesidades de la guerra civil, el estado de sitio, la militarización del frente y de la retaguardia, el terror policial, la supresión de toda limitación de la arbitrariedad y de toda garantía individual suprimen la libertad mucho más radicalmente de lo que lo hace la llegada al poder de un partido de extrema derecha; olvida que los gastos de la guerra, las ruinas, la desaceleración de la producción condenan al pueblo, y durante mucho tiempo, a privaciones mucho más crueles que aquellas a las que lo someterían sus explotadores. Tanto el hombre de derechas como el de izquierdas olvidan que largos meses de guerra civil han llevado gradualmente a ambos bandos a un régimen casi idéntico. Cada uno de ellos ha perdido su ideal sin darse cuenta, reemplazándolo por una entidad vacía; para ambos, la victoria de lo que todavía llaman sus ideas solo puede definirse por el exterminio del adversario; y cada uno, si se le habla de paz, responderá de manera despectiva con el contundente argumento de Minerva en Homero, el argumento de Poincaré en 1917: «Los muertos no la quieren».

CARTA A GEORGES BERNANOS[1]
(¿1938?)

Estimado señor:

Por ridículo que resulte escribirle a un escritor que, dada la naturaleza de su profesión, siempre está inundado de cartas, no puedo evitar hacerlo después de leer *Los grandes cementerios bajo la luna*. No es la primera vez que un libro suyo me conmueve: el *Diario de un cura rural* es a mis ojos el más bello, al menos de los que he leído, y verdaderamente un gran libro. Sea como fuere, el hecho de que me hubieran gustado otros libros suyos no me daba motivos para importunarlo comunicándoselo por escrito. Pero algo distinto ocurre con el último: yo he tenido una experiencia que se corresponde con la suya, aunque mu-

1. Publicada por primera vez en 1950, en el *Bulletin de la Société des amis de Georges Bernanos*, e incluida con posterioridad en *Écrits historiques et politiques*, Gallimard, París, 1960.

cho más breve, menos profunda, situada en otro lugar y vivida aparentemente —solo aparentemente— con un espíritu por completo distinto.

Aunque no soy católica —lo que voy a decir, dado que no lo soy, sonará sin duda presuntuoso para cualquier católico, pero no puedo expresarme de otra manera—, lo cierto es que jamás me ha parecido ajeno lo católico, lo cristiano. A veces me he dicho a mí misma que si simplemente se pusiera en las puertas de las iglesias un cartel que prohibiese la entrada a cualquier persona con una renta superior a tal o cual pequeña suma, entonces yo me convertiría inmediatamente. Desde la infancia, mis simpatías han estado dirigidas a los grupos que afirman pertenecer a las capas despreciadas de la jerarquía social, hasta que me he dado cuenta de que tales grupos desalientan por su naturaleza todas las simpatías. El último que me inspiró algo de confianza fue la CNT española. Yo había viajado un poco por España antes de la guerra civil, poco pero lo suficiente para sentir el inevitable amor a sus gentes; había visto en el movimiento anarquista la expresión natural de sus grandezas y de sus defectos, de sus aspiraciones más y menos legítimas. En la CNT y en la FAI había una mezcla asombrosa; cualquiera era admitido y, en consecuencia, la inmoralidad, el cinismo, el fanatismo y la crueldad se codeaban con el amor, el espíritu de fraternidad y, sobre todo, esa reivindicación del honor que resulta tan hermosa entre los hombres humillados; me pareció que quienes llegaban allí movidos por un ideal prevalecían sobre aquellos impulsados por su afición a la violencia y el desorden. En julio de 1936 me encontraba en París. No me gusta la guerra, pero lo que siempre me ha horrorizado más de ella es la situación de quienes se hallan en la retaguardia. Cuando comprendí que, a pesar de mis esfuerzos, no podía dejar de participar moralmente en esa guerra, es decir, de desear cada día, a todas horas, la victoria de unos y la derrota de otros, me dije que París representaba para mí la retaguardia, y tomé el tren a Barcelona con la intención de alistarme. Eso fue a principios de agosto de 1936.

Un accidente hizo que mi estancia en España fuese corta. Estuve unos días en Barcelona, después en el campo aragonés, a orillas del Ebro, a unos quince kilómetros de Zaragoza, en el mismo lugar por el que recientemente las tropas de Yagüe cruzaron el Ebro; luego en el palacio de Sitges transformado en hospital y después otra vez en Barcelona; en total pasé en España unos dos meses. Salí de allí en contra de mi voluntad y con la intención de regresar. Pero después, de manera deliberada, no hice nada al respecto. Ya no sentía ninguna necesidad interior de participar en una guerra que no era, como me había parecido al principio, una de los campesinos hambrientos contra los terratenientes y contra un clero cómplice de estos, sino una guerra entre Rusia, Alemania e Italia.

Conozco ese olor de guerra civil, sangre y terror que desprende su libro; lo he respirado. Debo decir que no he visto ni escuchado nada que alcance el grado de ignominia de algunas de las historias que usted cuenta, esos asesinatos de viejos campesinos, esas juventudes fascistas italianas que hacían correr a los viejos a porrazos. Pero lo que escuché fue suficiente. Estuve a punto de presenciar la ejecución de un sacerdote; durante los minutos de espera, me pregunté si simplemente me quedaría mirando o si me dispararían al intentar intervenir; todavía no sé qué habría hecho si una feliz casualidad no hubiera impedido la ejecución.

Cuántas historias abarrotan mi pluma... Pero se haría demasiado largo contarlas todas; además, ¿para qué? Bastará con una. Me encontraba en Sitges cuando regresaron derrotados los milicianos de la expedición a Mallorca. Habían sido diezmados. De los cuarenta jóvenes que habían salido de Sitges, nueve habían muerto; nos enteramos cuando regresaron los otros treinta y uno. A la noche siguiente se llevaron a cabo nueve expediciones punitivas, y nueve fascistas o supuestos fascistas fueron asesinados en esta pequeña ciudad en la que en julio no había sucedido nada. Entre esos nueve estaba un panadero de unos treinta años, cuyo delito, según me dijeron, era el haber sido miembro de un somatén; su anciano padre, de quien era hijo único, y único sostén, se volvió loco. Otra historia: en Aragón, un pequeño grupo internacional de veintidós milicianos de todos los países apresó, tras una escaramuza, a un joven de quince años que luchaba como falangista. Tan pronto como lo cogieron, temblando al ver morir a sus compañeros junto a él, dijo que había sido reclutado por la fuerza. Lo registraron y encontraron una medalla de la Virgen y un carné de falangista; fue enviado ante Durruti, jefe de la columna, quien, tras explicarle durante una hora la belleza del ideal anarquista, le dio a elegir entre morir o alistarse inmediatamente en las filas de quienes lo habían hecho prisionero, para luchar contra sus camaradas de la víspera. Durruti le dio al muchacho veinticuatro horas para que se lo pensase; pasado el plazo, el joven dijo que no y lo fusilaron. No obstante, Durruti fue en algunos aspectos un hombre admirable. La muerte de este pequeño héroe no ha dejado de pesar en mi conciencia, aunque no me enteré de lo ocurrido hasta más tarde. Y una historia más: en un pueblo que rojos y blancos habían tomado, perdido, reconquistado y vuelto a perder no sé cuántas veces, los milicianos rojos, tras haberlo reconquistado definitivamente, encontraron en los sótanos a un puñado de seres despavoridos, aterrorizados y hambrientos, entre ellos tres o cuatro hombres jóvenes. Y razonaron así: si estos jóvenes, en lugar de venirse con nosotros la última vez que nos retiramos, se quedaron esperando a los fascistas, es porque ellos mismos son fascistas. Por lo tanto, los fusilaron de inmediato, y después dieron de comer a los demás y se creyeron muy humanos. Una última historia, esta de la retaguardia: dos anarquistas me contaron una vez cómo, con otros camaradas, habían cogido a dos sacerdotes; uno fue asesinado en el acto, en presencia del otro, de un disparo de revólver; después le dijeron a ese otro que podía irse. Cuando estaba a unos veinte pasos de distancia, lo abatieron. El que me contó la historia se sorprendió mucho al no verme reír.

En Barcelona, una media de cincuenta hombres eran asesinados cada noche en las expediciones punitivas. Proporcionalmente, eran muchos menos que en Mallorca, ya que Barcelona es una ciudad de casi un millón de habitantes; Además, durante tres días tuvo lugar allí una sangrienta batalla callejera. Pero quizá los números no sean lo principal en este asunto. Lo esencial es la actitud ante el asesinato. Ni entre los españoles ni entre los franceses que habían ido allí a luchar o a darse una vuelta —estos últimos eran casi siempre intelectuales aburridos e inofensivos—, vi yo jamás a nadie expresar, ni siquiera en la intimidad, repulsión, desagrado o incluso desaprobación ante la sangre derramada innecesariamente. Usted habla del miedo. Y sí, el miedo tuvo algo que ver con estos asesinatos; pero donde yo estuve, no vi que tuviese el peso que usted le atribuye. En una comida presidida por la camaradería, hombres aparentemente valientes —vi con mis propios ojos el coraje de al menos uno de ellos— contaron con una sonrisa fraternal cómo habían matado a sacerdotes o a «fascistas» —término este con un sentido muy amplio—. Por lo que a mí respecta, tuve la sensación de que, cuando las autoridades temporales y espirituales colocan a una categoría de seres humanos al margen de aquellos cuyas vidas tienen un precio, no hay nada más natural para el hombre que matar. Cuando se sabe que es posible matar sin correr el riesgo de ser castigado o culpado, se mata; o al menos se rodea de sonrisas alentadoras a quienes matan. Y si por casualidad se siente al principio un poco de asco, entonces se guarda silencio y pronto se sofoca tal desagrado, por miedo a parecer falto de virilidad. Hay ahí un impulso, una embriaguez a la que es imposible resistirse sin una fuerza del alma que debo considerar excepcional, ya que no la he visto en ninguna parte. Me encontré con franceses pacíficos, a quienes hasta entonces yo no despreciaba, a los que no se les habría ocurrido por sí mismos ir a matar, pero que disfrutaban visiblemente de esa atmósfera impregnada de sangre. Jamás podré tenerles ningún respeto en el futuro.

Semejante atmósfera borra de inmediato el objetivo mismo de la lucha. Porque solo podemos formular el objetivo reduciéndolo al bien público, al bien de los hombres —y los hombres resultan aquí irrelevantes, carecen de valor—. En un país donde los pobres son en su gran mayoría campesinos, el objetivo esencial de cualquier grupo de extrema izquierda debe ser el bienestar de dichos campesinos; y esta guerra ha sido quizá sobre todo, al principio, una guerra por y contra el reparto de tierras. Sin embargo, esos pobres pero magníficos campesinos de Aragón, que tanta dignidad han conservado bajo las humillaciones, no eran para los milicianos ni siquiera un «objeto de curiosidad». Sin insolencias, sin injurias, sin brutalidad —al menos yo no vi nada parecido, y sé que los robos y las violaciones, en las columnas anarquistas, se castigaban con la muerte—, un abismo separaba a los hombres armados y a la población desarmada, un abismo bastante similar al que separa a pobres y ricos. Ello se manifestaba en la actitud siempre algo humilde, sumisa y temerosa de los unos, y en la desenvoltura, despreocupación y condescendencia de los otros.

Uno parte hacia España como voluntario, con la idea del sacrificio, y se encuentra en una guerra que se parece a una guerra de mercenarios, con mucha más crueldad y menos respeto hacia el enemigo.

Podría continuar con estas reflexiones indefinidamente, pero debo ponerles un límite. Desde que estuve en España, he escuchado y leído todo tipo de consideraciones al respecto, pero no puedo citar a nadie, aparte de usted, que, hasta donde se me alcanza, haya estado inmerso en la atmósfera de la guerra de España y haya resistido. Usted es monárquico, un discípulo de Drumont.[2] ¿Qué me importa? Me resulta incomparablemente más cercano que mis compañeros

2. Édouard Drumont (1844-1917), periodista, escritor y político católico francés, célebre por su antisemitismo y su nacionalismo.

de la milicia aragonesa, esos camaradas a quienes, sin embargo, yo amaba.

Lo que usted dice sobre el nacionalismo, la guerra y la política exterior francesa después de la guerra me ha llegado también al corazón. Yo tenía diez años cuando se firmó el Tratado de Versalles. Hasta entonces había sido patriota, con toda esa exaltación que los niños manifiestan en tiempos de guerra. El deseo de humillar al enemigo derrotado, que entonces (y en los años siguientes) se desbordaba de manera tan repugnante por todas partes, me curó de una vez por todas de ese patriotismo ingenuo. Las humillaciones infligidas por mi país me resultan más dolorosas que las que este pueda sufrir.

Temo haberle importunado con una carta tan larga. Solo me queda expresarle mi profunda admiración.

S. Weil

3, rue Auguste-Comte, París (distrito VI)

P. D.: He escrito mi dirección de forma mecánica. Porque, para empezar, supongo que tendrá usted mejores cosas que hacer que contestar a las cartas. Además, pasaré uno o dos meses en Italia, adonde quizá no me llegaría una carta suya, al quedar retenida esta en la aduana.

ESTA PRIMERA REIMPRESIÓN

DE «LA GUERRA DE ESPAÑA»,

DE SIMONE WEIL,

SE TERMINÓ DE IMPRIMIR

EN BARCELONA

EN EL MES DE MARZO

DE 2024